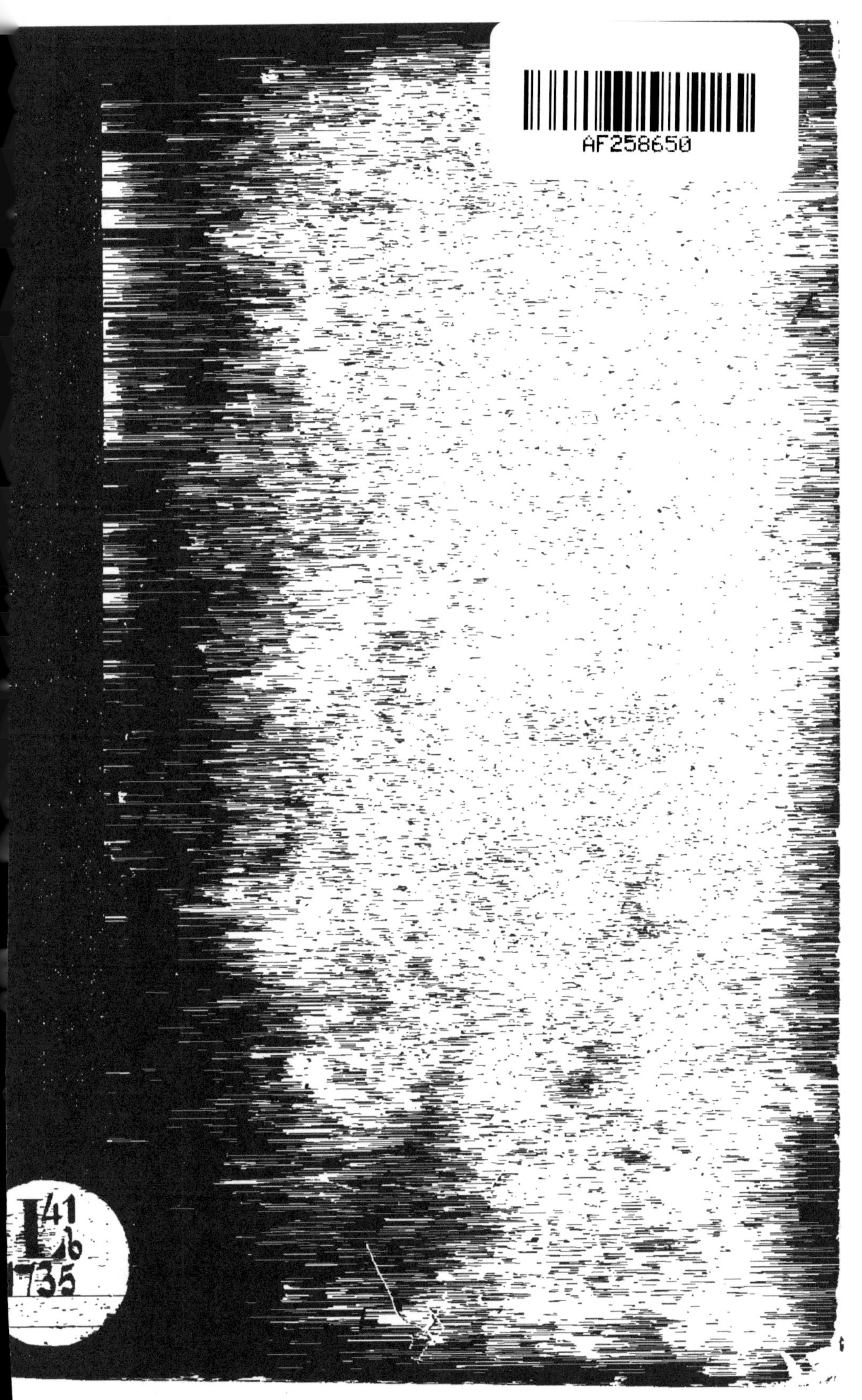
AF258650

DÉCLARATIONS

MOTIVÉES

D'ANTONNELLE,

JURÉ AU TRIBUNAL RÉVOLUTIONNAIRE,

DANS

DIVERSES AFFAIRES.

A PARIS,

De l'Imprimerie du G. F. GALLETTI,
aux Jacobins St.-Honoré.

An III

AVERTISSEMENT.

LEs Jurés du Tribunal Révolutionnaire ont plus d'une fois motivé leur déclaration de jugement dans ce tribunal.

Cela leur paroissoit assez fréquemment utile, nécessaire en certains cas, et toujours convenable.

Ils se sont trompés, sans doute, ils doivent le penser; ils doivent au moins le craindre, puisqu'ainsi l'ont prononcé, dans l'arrêté qu'on me communique, des censeurs infiniment éclairés. Le Comité, dont cette délibération est l'ouvrage, exerce avec autant de succès que de gloire, une grande délégation justement respectée. — On la respectera en tout.

On ne veut pas appeler de sa décision, on veut s'y soumettre. On ne veut pas même entreprendre d'opposer une réponse aux considérans qui la *motivent*.

Je m'impose à l'instant la loi de ne plus *motiver* moi-même avant le jugement. J'y resterai constamment fidèle, si le Comité de Salut

A 2

Public persiste dans cette opinion positive et formelle, qu'un Juré révolutionnaire se dépouille de son caractère propre quand il *motive* dans le tribunal.

Cependant, la lecture de cet arrêté me laisse une inquiétude que je ne dois pas taire, parce qu'elle est naturelle et juste.

Je forme le vœu bien sincère, que nul observateur impartial, qu'aucun des membres du Comité de Salut Public, ne puisse concevoir ou *conserver*, de doute, sur nos intentions, ni sur nos principes.

Ce que je desire à cet égard, nous avons quelque droit, peut-être, de le demander et de l'attendre.

C'est dans cette vue que je publie les déclarations suivantes, dont le tribunal avoit déjà fait imprimer les quatre premières.

On peut aisément les lire toutes. On peut aussi prendre connoissance de celles dont mes collègues ont cru devoir énoncer les motifs dans quelques affaires.

Après cette communication, on ne dira plus, j'en suis sûr, qu'on ne peut pas même supposer un but innocent aux Jurés qui *motivent* leur déclaration de jugement dans le Tribunal.

DÉCLARATION

MOTIVÉE D'ANTONNELLE;

Dans l'affaire de l'ex - Jésuite D'HERVILLY, *condamné à la peine de mort le premier Nivôse.*

J'AI r'ouvert en esprit les annales des infortunes et des sottises humaines ; je me suis péniblement arrêté sur ces derniers âges de calamités et d'opprobre ; j'en ai repassé les époques le plus déplorablement désastreuses , et j'ai reconnu que les plus tristes pages du vieux livre portoient en marge : *Tels sont les fruits du fanatisme appelé religieux.*

J'ai rapproché les scènes diverses qui forment ce dernier tableau ; et dans ces fastes particuliers du fanatisme, le chapitre le plus sanglant, le plus ignominieúsement affreux , avoit ce titre : *Fanatisme chrétien.*

Dans ce chapitre même , l'extravagance au point extrême du délire , le féroce orgueil, l'insatiable cupidité , la politique perverse , la

A 3

fourberie profonde , l'intolérance implacable , tous les excès possibles de perfidie et de haute iniquité , caractérisoient et signaloient le fanatisme monstrueux de Rome catholique.

Si l'on pouvoit demander à l'erreur , à la folie , au mensonge , au despotisme atroce , à l'infernal esprit de persécution , de rapine et d'hypocrisie ; quel fut dans aucun temps leur plus ferme appui ? la réponse précise seroit dans la répétition de ces même mots : *Le fanatisme monstrueux de Rome catholique.*

Et vous , ô consolante philosophie , éternelle raison , naturelle et douce liberté , humanité sainte , adorable égalité , faites-moi connoître votre plus implacable ennemi..... J'entends encore ces mêmes paroles , que trente peuples et quinze siècles font retentir avec horreur : *Le fanatisme monstrueux de Rome catholique.*

J'ai voulu savoir quels avoient été parmi nous les plus dangereux apôtres de la superstition romaine , les plus zélés et plus adroits propagateurs de ses maximes , les plus habiles machinateurs de ses trames ; promoteurs à-la-fois , ministres et apologistes de ses continuels attentats , et ses plus fourbes comme ses plus doucereux boureaux ? Quels furent encore , et toujours par elle , les dominateurs des esprits , les pourrisseurs des consciences , les corrupteurs de la morale publique et privée , les fauteurs dévoués de toute tyrannie , les vrais empoisonneurs de l'opinion ? L'histoire de trois siècles m'a dit , et continuellement répété : *les Jésuites, aussitôt qu'ils parurent , et tant qu'a duré leur institution.*

Tant qu'a duré leur institution , me suis-je dit !..... Mais est-il bien vrai, qu'elle soit anéantie ? et , si en effet , ils ne sont plus , leur esprit ne vit-il pas encore dans plus d'un lieu ?... La rusée Cathérine , par exemple , ne met-elle pas à profit , leur esprit d'intrigue , leur politique adroite , leur activité , leur habitude de manier les hommes , de les séduire , de les fanatiser , de les corrompre , peut-être même, leur vaste et secrette correspondance ?

Quoiqu'il en soit de ces dernières probabilités , me renfermant dans les premières certitudes , et après les avoir rappelées à ma raison , j'interroge ma conscience sur le résultat des débats ; et je ne m'étonne point , qu'un homme , qui s'avoue jésuite , qui préconise et suit leur morale et tous leurs principes ; qui , dans le Tribunal , sur le fauteuil barré , s'y compare à

Jésus dans la Sinagogue, et se croit dispensé de révéler à la justice ce que l'intérêt public veut qu'on lui déclare ; qui publie que, dans tous les cas de contradiction entre les brefs du pape et les lois de l'État, c'est aux premières que l'obéissance est due ; et qu'ayant à choisir entre la communion romaine et les principes républicains, il faut se dévouer à la première. Je ne m'étonne point, ai-je dit, qu'un tel homme se soit permis d'exercer un prosélitisme criminel, ainsi que tout le prouve ; et qu'il ait conspiré dans ses vœux, dans ses principes, dans ses discours, dans ses actes,

EN MA CONSCIENCE, L'ACCUSÉ EST CONVAINCU.

DÉCLARATION

MOTIVÉE D'ANTONELLE,

Dans l'affaire de BIRON, général de division, condamné à la peine de mort, le 10 Nivôse.

DANS cette véritable renaissance d'un peuple, dont la seconde vie alarme déjà tous les gou-

vernemens , qui assiégèrent son berceau , et ,
depuis , ont conjuré sa ruine ; dans cette glo-
rieuse proscription d'une race honorablement
dévouée , qui , seule encore dans la famille humaine , lutte généreusement , au nom de la
bonne et vieille nature , contre les erreurs qui
la dégradent , les illusions qui la puérilisent ,
les vices qui la corrompent , les crimes qui la
déshonorent en la désolant , et sur-tout , contre
les mille tyrannies , qui bientôt ne l'opprime-
ront plus , car , pour nous , les peuples soudainement réveillés , retrouveront avant peu le courage de les exterminer et de ressaisir leurs droits ;
dans cette longue succession de crises salutaires
et vraiment régénératrices , qui nécessitoient un
état continuel de surveillance et de combat ,
chacun de nous sans doute avoit fait des sacrifices , avoit bravé des périls , supporté des travaux , éprouvé des infortunes ; cela étoit inévitable , cela même nous touchoit foiblement.
Le fier sentiment de la liberté , le sentiment si
doux de l'égalité , l'enivrante perspective de
cette félicité pure , conquise pour nos enfans ,
qui va sortir de nos peines , et dont ils n'au-
roient pas joui si nous avions moins souffert....
Ah ! sans doute , de telles compensations , ne

balancent pas seulement les douleurs , elles les effacent ; et le cœur qui sait les sentir , se maintient inaccessible au regret comme au découragement.

Cependant le corps politique , qui se refaisoit en quelque sorte lui - même au milieu d'une longue tempête, avoit subi des altérations ; ces altérations , profondes en apparence, mais légères en réalité, toutes nécessaires, toutes facilement réparables , disparoissoient à mesure , par la suite même et l'inévitable effet du mouvement créateur qui les avoit produites.

Une seule plaie devenoit alarmante ; c'est celle qui, le rongeant dans une partie de ses entrailles , dévoroit la plus fertile de nos régions nourricières , mettoit en feu les départemens, et menaçoit d'accroître rapidement ses ravages.

Le siège du mal étoit à la Vendée, ... la Vendée ! . . . . mot tristement fameux, qui rappéle une guerre , aujourd'hui glorieusement étouffée, mais d'abord, et trop long-tems, humiliante et désastreuse.

Elle se nourrissoit de toutes nos sottises, de tous nos malheurs ; elle les alimentoit à son tour. Elle soutenoit, elle ranimoit l'espérance affreuse des malveillans , et , envenimant de son poison propre nos mille sermens ;contre-révolutionnaires , elle fomentoit ce malheureux esprit de désunion , de révolte , de vertige et de rage , qui , souillant et retardant la marche triomphale de notre régénération , mêla quelque ignominie à tant de gloire , trop d'extravagance et de barbarie au sens exquis , à la naturelle bonté du meilleur des peuples.

Ce chancre politique avoit d'innombrables ramifications , et tout machinateur de complots y attachoit un fil de sa trame ; de manière , qu'au dehors comme au dedans , il n'existoit pas une seule espèce de conjuration qui ne s'enrichit ainsi de la venimeuse folie de toutes les autres , et ne les empirât toutes à son tour par l'inoculation de la sienne.

Le royalisme , découronné , apprécié , trouvé ridicule et vil ; mais , essentiellement insensé , nécessairement insolent jusqu'à sa dernière heure , vraiment incurable , ne sachant plus entendre , ni la voix de la raison , ni la leçon du malheur.

L'aristocratie , abattue jusqu'à l'impuissance ; mais niaisement superbe , ayant contracté le besoin des chimères , se repaissant encore de je ne sais quels souvenirs , dont elle compose ses

chagrins, ses consolations, ses fantastiques espérances.

Le fanatisme, stupide, atroce, indomptable,
gorgé de sang, nourri d'absurdités, touchant à
sa fin, agonisant au sein des meurtres et du
carnage, signalant chacune de ses dernières con-
vulsions par des scènes d'horreurs et d'opprobre.

Le fédéralisme, moins féroce il est vrai,
moins sanguinaire, moins inconciliable avec la
raison publique, plus en mesure avec nos mœurs
et nos lumières, par cela même bien plus dangereux; astucieux, brouillon, jaloux, indocile,
séditieux, pervers, dogmatiquement usurpateur,
conspirant avec des sophismes et de faux principes, remarquable, au milieu de nous, par
sa pédantesque arrogance, par ce genre d'orgueil
qui ne cède jamais, par cette fureur, toute ensemble folle et capable, recueillie et frénéti-
que, qui eût doctement précipité le peuple dans
l'abîme, où, comme de raison, le fédéralisme
est tombé fort gravement de lui-même.

La coalition monstrueuse de quelques gou-
vernemens incorrigibles et profondement pervers, feignant de nous croire insensés, ne soupçonnant pas à quel point ils le sont eux-
mêmes, et forçant à l'irritation, à de très-dures.

représailles un peuple magnanime , qui ne de-
mandoit qu'à les laisser périr , mais qui ne veut
pas qu'on l'insulte , qu'on le divise , qu'on le
ruine et qu'on l'affame.

Entre tous ces cabinets , si ridiculement cé-
lèbres et conspirateurs : celui de Saint-James ,
qui , par ses calomnies même, ses manifestes
et ses fureurs , sert admirablement la cause qu'il
voudroit abattre, appelle et réveille l'attention
engourdie et distraite , se plaît à mettre ses opinions en présence de nos principes , établit ainsi
une discussion de laquelle incessamment la
vérité doit sortir avec éclat , et, par-là, sem-
bleroit être impatient de hâter autour de lui
l'époque et de précipiter le mouvement d'une
réforme , qu'avec un peu d'adresse il eut pu ré-
gler et retarder , mais qui, heureusement et iné-
vitablement, va produire , à la honte et au
grand regret de Pitt , un boulversement subit,
préalable nécessaire d'un grand et salutaire re-
nouvellement ; ce cabinet , dis-je , nous faisant
au surplus , avec une lâcheté inouie , et par
tous les moyens imaginables de diffamation , de
corruption , de trahison , de barbarie, de vio-
lation de tous droits, la plus ignominieuse et
la plus immorale des guerres.

Enfin, et pour tout résumer en peu de paroles, la ligue scélérate et bigarrée des blazons,
des coffres-forts, des diplomaties, des trônes,
des autels, des mille vanités humaines contre
l'éternelle raison, contre les droits du peuple,
non moins éternels, étoit secrètement unie à
l'exécrable guerre de la Vendée, et en votoit
l'interminable durée. Tout ce qui conspiroit,
où que ce pût être contre l'égalité, soit par ses
vœux, soit par ses actions, devoit prendre à
cette guerre l'intérêt le plus tendre, et beaucoup aimer les coquins féroces contre lesquels
nous la soutenions. En effet, aucune autre ne
rendoit plus difficile l'établissement incontestable et final de cette République, une et indivisible, que toutes les ambitions criminelles
avoient trop vainement juré de ne pas souffrir,
que nous avions juré, nous, mais non pas en
vain ; de constituer et de rendre éternelle.

Si donc un homme qui, semblable à tant
d'autres, ayant d'abord voulu je ne sais quel
renversement, mais incapable de vouloir la
bonne et sainte révolution, l'eût méconnue et
secrètement détestée ; qui, mécontent de ses
heureux et rapides progrès, voyant trop alors
le but qu'elle étoit près d'atteindre, eût

cessé de marcher avec elle et pour elle ; qui n'eût jamais servi sincèrement le peuple ; qui n'eût pas aimé l'égalité , qui n'eût pas voulu la République ordonnée par le peuple , payée et cimentée par le sang du peuple ; si cet homme , dis-je , eût néanmoins ambitionné et obtenu le commandement des armées de ce peuple , ce qui déjà seroit une première trahison : s'il eût ensuite brigué ou accepté la conduite en chef d'une guerre intérieure , de toute , la plus révolutionnairement décisive , certes il n'auroit eu garde de la terminer ; car , dans son système et ses intentions , il étoit trop important qu'elle fut prolongée ; et là sans doute , seroir le crime de haute forfaiture.

Eh bien , faisant grace de tout le reste , je saisis Biron au moment où il reçoit l'ordre de venir prendre le commandement de l'armée des Côtes de la Rochelle ; je ne l'abandonne qu'à l'heure de son arrestation : et , pendant tout cet intervalle , je vois en lui cet homme-là même qui , ne voulant pas la République , ne veut pas non plus finir ou même avancer la guerre , qui en contrarie le plus l'affermissement.

Un tel homme est bien coupable , sans doute ; et ce n'est pas à la conscience d'un Juri-révolutionnaire que son crime eût jamais pu sembler excusable. Ce n'est pas au Tribunal, encore indispensable d'épuration sévère, de sainte et bienfaisante terreur, au véritable Tribunal de salut public, qu'il devoit espérer ou solliciter le scandale d'une funeste impunité.

L'on nous a dit : citoyens Jurés, *ce n'est pas assez d'avoir le patriotisme dans l'ame, il faut toujours y garder une place pour la justice*....

Que signifie une telle distinction ? Faut-il ainsi marquer dans les mêmes cœurs deux places distinctes pour des sentimens qui ne peuvent être s'ils ne s'y confondent ?... Le patriotisme sincère et la justice publique n'ont-ils pas un seul et même principe, une même vie, une même fin ?... Cette vérité n'est-elle pas sur-tout évidente, et particulièrement sensible aux lieux où je parle ? Comment se dissimuler, en effet, que, dans un Tribunal, qui n'existe que par la révolution et pour elle ; dans un Tribunal, spécialement chargé de prononcer au nom du peuple dans la cause de cette révolution, le patriotisme révolutionnaire et la justice nationale, sont essentiellement une même chose, et que sous ces noms différens, l'on ne désigne

par

pas deux résultats divers , mais les mêmes émanations d'une seule et grande pensée?

Il faut y voir uniquement le sentiment profond et vrai des droits éternels du peuple , le zèle actif et soutenu pour les maintenir à leur place , au-dessus de tout, l'invariable résolution, le desir naturel et sacré d'en venger l'outrage.

Telle est aussi notre véritable déclaration des droits et des devoirs ; c'est même l'acte constitutionnel entier d'un jury révolutionnaire , austère et pur ; d'un jury vraiment populaire , qui , dans tous les cas où le salut public lui paroîtra volontairement compromis , sera dans ses déclarations inexorablement équitable.

EN MA CONSCIENCE, L'ACCUSÉ EST CONVAINCU.

DÉCLARATION

MOTIVÉE D'ANTONNELLE,

Dans l'affaire de l'ex-maréchal LUCKNER, condamné à la peine de mort le 15 Nivôse.

D'APRÈS les débats, la vie politique de l'accusé, pendant la révolution , fut l'inconsistance et la

B

lâche versatilité d'un homme sans principes , d'un esclave sans morale et sans loyauté. Mais à l'époque où la liberté croisa de ses glaives tous les poignards des tyrans , l'existence militaire de l'accusé n'offre plus qu'une grande perfidie et un long crime.

Royaliste endurci , mais couvert , méprisable ennemi des droits du peuple , qu'il n'est plus digne d'apprécier , parce qu'il n'est pas en lui de pouvoir les sentir ; astucieux et double sous l'écorce de la simplicité , avec les dehors de la brusque franchise ; vieux esclave , longuement empoisonné de sentimens serviles , doublement pourri dans les habitudes également corruptrices de l'obéissance aveugle et de l'autorité durement absolue ; secrètement porté par la cour ; popularisé par une cabale dont les artifices trompèrent alors les patriotes ; dénoncé depuis et attaqué par ceux de ce temps ; loué et défendu par la faction royale ; vendu , sans le trop savoir peut-être , à cette faction ; naturellement fidèle au système de ses protecteurs qui le faisoient servir à leurs vues ; je le vois par-tout conspirer avec eux ou pour eux.

Dans la ci-devant Alsace et sur le Rhin , il sert uniquement leur cause , il en prépare le triomphe de tout son pouvoir ; non pas , il est vrai , comme premier directeur d'un système de trahison ; non pas aussi , comme instrument aveugle ou agent forcé ; mais bien comme instrument volontaire et serviteur dévoué.

Je le suis au Nord ; observez-le dans cette nouvelle carrière : vous le verrez , en débutant , et c'est ici que l'artifice est détestable ; vous le verrez d'abord capitaine habile , audacieux , actif , échauffant par ses succès rapides le zèle révolutionnaire des Belges , qui , en haine de la tyrannie , venoient au-devant de nos principes comme de nos armes , et par-là même en partage de notre gloire . . . Bientôt , général traître et fuyard , il livre à la férocité autrichienne , il abandonne aux torches de l'exécrable Jarri , ce même pays où les armées d'un peuple libre n'avoient du paroître que pour affranchir et défendre les propriétés et les personnes.

Après cette abominable défection , l'on ne voit plus en lui qu'un lâche coquin ; dénonciateur honteux de la Fayette , puis retirant sa dénonciation ; tantôt opposé à ce traître , tantôt de connivence avec lui ; aujourd'hui son détracteur ou son ennemi, demain son apologiste et son complice, enfin, son émule.

Le voilà dans les plaines de la ci-devant Champagne, à Châlons. Ici, l'œil du républicain ne peut plus en supporter la vue; ses regards se détournent d'indignation et de dégoût. Ce Luckner, qui, dans la force de son âge et de ses talens n'avoit servi que tyrans étrangers, qui, dans la désastreuse guerre de 1756, menoit au combat les bataillons ennemis; ce général a qui le peuple Français ne devoit ainsi que des sentimens, sinon du mépris ou de haine, au moins de méfiance, et que cependant il avoit comblé de biens ou d'honneurs, se montre en effet le général des tuileries et de l'étranger; valet dévoué d'un tyran dans les fers, et pactisant avec la Prusse.

En voilà, sans doute, plus qu'il n'en faut pour motiver la déclaration affirmative d'un jury révolutionnaire. Mais n'eût-on présenté contre Luckner, que la scélérate perfidie d'abandonner, en le brûlant, le pays où son armée auroit dû plutôt s'enterrer toute entière, horreur vraiment infernale, et qui marquera toujours, même dans les annales affreuses des la contre-révolu-

tion, j'aurois dit, que ce crime atroce, et l'impunité de ce crime, devoient tomber responsabilité capitale sur la tête du général en chef.

EN MA CONSCIENCE, L'ACCUSÉ EST
CONVAINCU.

DÉCLARATION

MOTIVÉE D'ANTONNELLE,

Dans l'affaire de la femme FEUCHERE,
condamnée à la peine de mort le 19 *Nivôse.*

DUROSOI fut un capitan ridicule, un royaliste infâme, un journaliste conspirateur : ses
partisans osoient aussi le défendre, et croyoient
y réussir par l'abus sacrilège des mots les plus
respectés, et la monstrueuse extension d'un de
nos plus saints droits, la liberté de la presse.

Certes, une telle liberté, consacreroit l'impunité d'un très-grand crime.

Les assassins aussi, et les empoisonneurs,
réclameroient bientôt le libre usage du poignard
et des poisons.

B 3

Durosoi rédigeoit la gazette de Paris : ce mot dit tout à ceux qui la connoissent.

Jamais, en effet, le royalisme passionné, et la rage contre-révolutionnaire, exaspérés l'un par l'autre, ne furent poussés à un plus haut degré de virulence, et n'éclatèrent avec une violence plus séditieuse.

Et vous savez, citoyens, quelle fut en ceci son horrible persévérance. Cette fièvre maligne et brûlante ne le quitta point : tant qu'il pût écrire, il fût, sous les yeux même des représentans du peuple, le juré-crieur et le chien de meute de tous les brigands du dedans et du dehors ; son journal tout entier fut un long cri de guerre et de révolte ; une continuelle exhortation aux plus grands attentats ; une véritable convocation des nobles furieux, des prêtres implacables, des émigrés frénétiques, des scélérats couronnés, et de tous les traîtres ou mécontens de l'intérieur ; on irritoit leurs haines et leur courage, on enflammoit leurs plus atroces espérances, on sollicitoit sans cesse leur entier et prompt rassemblement.

Un tel journaliste étoit sans doute un détestable conspirateur. Eh bien ! je déclare, que l'accusée Feuchère, non moins criminelle sous le rapport politique , présente , sous celui de la morale ; quelque chose de plus révoltant.

Jetez les yeux sur les feuilles de Durosoi ; la perversion coupable y est sans doute la couleur dominante ; mais on y découvre aussi , je ne sais quelle teinte de folie chevaleresque , d'enthousiasme puéril , et de renversement de principes , qui peut et qui doit même inspirer la pitié. Cela adoucit un peu l'extrême horreur.

Mais envers l'accusée Feuchère , l'horreur demeure entière . . . Que faisoit-elle en effet ?

Froidement, paisiblement, sans péril ni peine, distributrice des poignards qu'elle faisoit aiguiser , elle n'avoit du crime, que le profit ; l'autre en avoit le trouble et les dangers ; elle vivoit du talent déshonoré de cet homme , dont elle entretenoit la frénésie, et qu'elle croyoit dévouer seul à l'exécration publique et à la vengeance des loix.

Elle étoit scélérate avec calme, avec réflexion , avec badinage ; on l'a vu dans les débats. Oui , je le pense , elle fut scélérate avec sérénité , sans cesser d'être tranquille.

A la vérité , ce n'étoit pas elle qui préparoit et manipuloit les venins ; il paroît que Durosoi étoit seul chargé de leur composition. Mais , vu

A 4

l'intimité de leur commerce habituel, il est sensible qu'au moins elle les distilloit en partie ; que, sous le rapport des vœux, des opinions, des sentimens, des principes, ces deux êtres avoient de grandes ressemblances, et que souvent la feuille infâme a dû porter le cachet commun.

Il est d'ailleurs, entre plusieurs faits graves et constans, un fait incontestable et avoué ; c'est que l'accusée Feuchere recevoit les abonnemens, faisoit les envois ; étoit la directrice de tous les moyens de circulation, la grande agente d'une entreprise criminelle, qui n'avoit son dernier et véritable effet que par elle ; c'est par la main de la Feuchere que l'esprit public étoit, si cela peut se dire, immédiatement empoisonné.

En ma conscience, l'accusée est convaincue.

DÉCLARATION

MOTIVÉE D'ANTONELLE,

Dans l'affaire de quatre véritables Sans-Culottes de la commune de Luthenai , département de la Nièvre , faussement accusés par des muscadins de la même commune , pour fait de propos séditieux.

J'AI considéré ce qui résulte de tout l'ensemble du débat.

J'ai même plus particulièrement consulté les dépositions des témoins à charge.

Pour m'aider à mieux connoître et bien apprécier le caractère de la rixe , en elle-même , et dans les suites qu'on vouloit y donner ; ainsi que le véritable esprit de la première information qui avoit fait traduire au tribunal révolutionnaire de bons et francs républicains; j'ai rapproché tout cela de quelques autres événemens du même genre , arrivés dans des lieux où les nationaux se trouvèrent également aux prises avec des faquins de tout genre , qui , en dépit de l'égalité naturelle et décrétée , vouloient toujours être des messieurs.

Je me suis ainsi convaincu de la réalité de trois choses. — La première est le patriotisme ardent et vrai des accusés, adorateurs, comme nous - mêmes, de l'égalité sainte, chantant gaîment ses maximes, et célébrant ses triomphes au grand jour de la commémoraison républicaine. — La seconde est la petite méchanceté, heureusement très-impuissante, de quelques témoins ici présens, instigateurs avoués de cette odieuse poursuite. — La troisième est la perversité prévaricatrice du juge de paix, auteur de la première information.

Et comme ces trois points sont démontrés, je déclare, relativement à l'objet sur lequel ma déclaration est demandée,

Qu'en ma conscience, le fait n'est pas constant.

Sur la déclaration unanime des jurés, qui fut donnée sans désemparer, et motivée en outre par Trinchard, Renaudin, Aigoin, Gérard, les accusés furent acquittés; et de suite, d'après le réquisitoire de l'accusateur public, le tribunal mit en arrestation deux des témoins, et décerna mandat d'arrêt contre le juge de paix.

DÉCLARATION

MOTIVÉE D'ANTONELLE;
*Sur le tambour major du 73ᵉ. régiment d'infanterie,
accusé pour fait de propos contre-révolutionnaires.*

IL n'est rien d'absolu, ni dans les choses humaines, ni dans les sentimens de l'homme. Ce qui paroît grave ou sublime, n'est jamais sublime ou grave de tous points, et un esprit naturellement gai, pourroit, sans être taxé de malveillance, en appercevoir le côté frivole ou plaisant ; mais il est des cas, où il ne devroit pas se permettre de le montrer aux autres, en le faisant ressortir.

Cette restriction s'applique au fait sur lequel nous avons à prononcer. Ici la réserve étoit naturelle et juste, et cette réserve étoit un devoir du citoyen.

Certes, lorsqu'à l'époque des dangers de la patrie, et à la voix des représentans du peuple, une jeunesse ardente, habituée à d'autres travaux, répondant à ce grand appel, se dévoue à ceux de la guerre ; lorsque volant à la défense de la liberté, elle saisit la pique qui en est à-la-fois l'arme et l'emblême, il est inconvenant, scandaleux même, qu'un militaire qui la chérit et qui sait la défendre, laisse échapper quelques signes de répugnance ou de dérision, parce qu'il ne voit là ni le mousquet du fusilier, ni les évolutions d'une troupe manœuvrière ; il devoit y voir avant tout, le dévouement du patriote, et l'intrépidité du républicain.

Cependant, comme d'après tous les témoignages, la vie entière de l'accusé a été celle d'un soldat patriote ; comme cette indiscrétion blâmable ne fut en effet qu'une indiscrétion simple et sans suite, dont il marqua dès le jour même son repentir, je ne puis y voir que le caractère de la légèreté, et dans le rapport sous lequel la question du tribunal présente le fait,

En ma conscience le fait n'est pas constant.

Le prévenu dont je parle étoit le tambour major du 73e. régiment (ci-devant royal-Comtois) accusé d'avoir fait quelques plaisanteries sur une troupe de réquisition, et d'avoir dit qu'il ne marcheroit pas avec elle à l'ennemi.

Acquitté à l'unanimité.

DÉCLARATION

MOTIVÉE D'ANTONELLE.

Sur ETIENNE-AUGUSTIN BENOIT, *ci-devant curé constitutionnel de Cunfin , département de la Haute - Marne , condamné à la peine de mort.*

S'il est un spectacle que l'œil de la raison sévère ne puisse supporter ; mais où l'observateur sente aussi qu'il y a lieu de rire sans cesser de s'indigner ; c'est celui que présente l'homme aux pieds de l'homme , perdant à-la-fois tout sentiment de sa dignité et l'usage de sa raison , sollicitant d'une main salariée et bénite l'absolution de ses foiblesses et sa réconciliation avec ce frivole Dieu du prêtre , jouet continuel de nos perpétuels caprices , qui s'irrite ou s'appaise à tous les vents de nos mille fantaisies.

Mais ce qui est beaucoup plus révoltant, sans doute , et précisément monstrueux, c'est de voir et d'entendre , à côté de cet insensé , le scélérat Sycophante qui se fait payer les poisons qu'il prépare et dispense , qui abusant avec une sacrilège indignité de la folie même dont il soigne et nourrit tous les accès , n'ouvre le cœur de sa pénitente , et n'y pénètre que pour y verser , au nom du Ciel, le désespoir et le ferment contre révolutionnaire.

Certes le confessionnal est déjà par lui-même une assez forte conspiration contre la raison , et ainsi contre la République , sans que le confesseur s'y montre lui-même conspirateur , par des maximes , des plaintes , des conseils , des exhortations formellement contre - révolutionnaires , et littéralement séditieuses.

Ce délit est exécrable , et seul eût suffi pour m'éclairer sur la criminalité perversé de ce véritable prêtre.

EN MA CONSCIENCE , L'ACCUSÉ EST CONVAINCU.

DÉCLARATION

MOTIVÉE D'ANTONNELLE

Sur quatre d'entre les huit prévenus de Bordeaux, pour fait de fédéralisme ; les trois premiers condamnés à la peine de mort Jules Dudon, déclaré suspect.

Teillart Lieutenant de la Gendarmerie.

Deux faits graves et avoués , deux véritables délits pèsent sur l'accusé Telilard. Ne pouvant les repousser entièrement , ni même les écarter , il voudroit au moins en adoucir la charge ; et pour y parvenir, il entreprend de les balancer par de vains prétextes. Ces prétextes, on l'a vu , sont le zèle indiscret et le patriotisme imprudent. Il a fait le mal , cela ne peut pas être dissimulé ; aussi ne demande - t - il pas qu'on en doute , mais il proteste qu'il a voulu faire le bien. Et ce bien même , il le vouloit si passionnément, qu'il consentoit à le faire sous sa responsabilité propre en se débarassant de toutes les règles , sans inquiétude sur les suites , ne soupçonnant pas même qu'il pût exister d'autres motifs et des meneurs.

J'ai tout écouté, tout obsérvé ... je confesse qu'il m'est impossible d'accorder à Teillard ou de lui imputer l'ingénuité qu'il réclame, ou l'étourderie dont il s'accuse.

Je demeure convaincu qu'il n'a pu s'abuser un seul moment, ni sur la nature, ni sur l'intention , ni sur les infâmes et véritables auteurs des confidences qui lui étoient faites, des commissions qu'il remplissoit, des ordres qu'il exécutoit.

En ma conscience , l'accusé Teillard est convaincu de complicité.

Pierre-Ducourneau, ci-devant Capitaine dans un des bataillons envoyés de Bordeaux, contre les Brigands de la Vendée.

Pierre Ducourneau fut peut-être dans le principe un patriote sans reproche. Telle est du moins la pensée qui sort la première de l'ensemble des débats. Il paroît avoir aimé sincèrement le peuple et la véritable et bonne révolution, c'est-àdire, le triomphe de l'égalité, l'affermissement de son règne; car, toute autre révolution, ne seroit qu'un changement d'esclavage et l'entêtement d'une nouvelle folie.

Pierre Ducourneau a combattu avec le peuple, et pour le peuple; il l'a servi de son courage et de ses talents; cela ne doit point être oublié. Mais s'il a trahi la sainte cause, s'il a forfait d'une manière grave, s'il est devenu transfuge à une époque décisive, s'il a préféré les fédéralistes au peuple, alors le souvenir de de ses premiers travaux peut rendre plus sévère la décision du juré qui s'en pénètre.

En effet, tout ce qui reste encore à la charge de Ducourneau, ne pourroit être atténué que

par

par des suppositions , qu'un tel souvenir ren-
droit seul inadmissibles.

C'est bien vraiment qu'on essaye de faire
valoir en sa faveur des excuses fondées sur l'igno-
rance ou la pusillanimité.

Cette manière de motiver sa conduite , et d'en
expliquer les graves écarts , est peu conciliable
avec les faits eux-mêmes et les accessoires des
faits , avec les dépositions des témoins et les
circonstances des choses ; elle ne l'est pas du
tout avec la fermeté , le courage et les lumières
dont il a constamment fait preuve , et qui ne
l'ont pas non plus abandonné dans le cours
des débats

EN MA CONSCIENCE , L'ACCUSÈ PIERRE - DU-
COURNEAU EST CONVAINCU DE COMPLICITÉ.

CLAUDE HOLLIER ci-devant vicaire de l'évêque
constitutionnel de Bordeaux.

Tout ce qu'il y a eu de grave dans les
débats , tout ce que les pièces communiquées
ont offert de plus révoltant, s'accumule en
quelque sorte, et enveloppe l'accusé Claude-
Hollier.

C

Il seroit également superflu de le débarrasser un moment, ou bien de le laisser sous le poids du plus grand nombre des charges qui le couvrent.

Inutilement même voudroit-on le séparer, ou le laisser accablé de cette inconcevable lettre à l'ami du peuple, écrit monstrueux, dont la lecture dans le tribunal - révolutionnaire, n'eût paru qu'un grand scandale, si elle n'y eût pas été sous d'autres rapports un véritable besoin.

Inutilement, dis-je, car hors de tout le reste, un seul point de vue et un seul fait seroient encore déterminans... On les a retracés, je les rappelle.

Il est bien connu que la faction, dite *Girondine*, fut en elle même et par ses émissaires, le véhicule à-la-fois, et la matrice du poison mortel, connu sous le nom de *fédéralisme*.

Disons mieux, c'est sur-tout à Bordeaux qu'on chargeoit la mine, et qu'on prépara les grandes explosions. Là, fut creusée sa première et grande chambre, et l'on travailloit sans relâche à prolonger et répandre dans toute l'étendue de la république ses innombrabres fions.

Chacun sait avec quelle louable activité les fédéralistes de Bordeaux travailloient à ce bouleversement, tout en proclamant et jurant la république une et indivisible.

Eh bien ! à l'époque la plus délicate et la plus décisive pour la conjuration bordelaise ; au moment où ces conjurés obstinément mais astucieusement scélérats, appréciant mieux chaque jour le besoin comme la difficulté de bien tromper le peuple, rassembloient leurs forces et choississoient leurs moyens ; les sections influencées par leur détestable esprit, créèrent une commission directrice. Les membres en furent pris parmi les soutiens et les instigateurs les plus habiles du fédéralisme et de la révolte. Cette commission, ainsi composée, choisit à son tour, pour la présider, un homme digne d'elle, fédéraliste et conspirateur au dégré le moins apperçu et le plus réellement prononcé. Claude-Hollier fut cet homme.

Ainsi donc, à la mesure même et au jugement de la commission conspiratrice, Claude-Hollier avoit fait ses preuves, ses grandes et profondes preuves de fédéralisme et de conspiration.

Il seroit monstrueux, qu'en ce genre de preuves, le jury révolutionnaire de la république une et indivisible , voulût être plus difficile que les conspirateurs mêmes.

EN MA CONSCIENCE , L'ACCUSÉ CLAUDE HOL-
LIER EST CONVAINCU.

JULES DUDON , autrefois procureur-général au Parlement de *Bordeaux*.

Les demi - charges que le mouvement et le cours des débats laissoit entrevoir et sembloit diriger contre Jules Dudon , mais que leur résultat fait en quelque sorte disparoître , doivent être mises à l'écart ; je n'en tiendrois donc aucun compte.

Il paroît juste aussi , toujours d'après les débats , d'admettre que ce viellard fut constamment étranger aux excès criminels de son fils.

Il ne reste donc plus que de consentir à le voir comme il a voulu qu'on le vît en effet , et tel qu'il s'est peint lui-même dans ses défenses.

Jules Dudon fut toute sa vie un homme public, et il le fut dans des postes très-marquans.

Avocat-général au ci - devant parlement de

Bordeaux , ensuite procureur-général à ce même parlement, il n'en eut pas seulement le titre , il en eut encore le talent , l'activité , l'orgueil , l'ambition , la morgue. On n'a point oublié son étrange lutte avec la puissance nationale, et cette obstination folle et coupable à ne vouloir pas reconnoître dans l'autorité constituante , le droit d'anéantir les parlemens, qu'un cri universel avoit déjà condamné.

Aujourd'ui , cet homme se sépare de tout , il semble renoncer à tout, il paroît n'ambitionner qu'une parfaite isolation ; il ne veut ni coopérer, ni même tenir à la chose publique , soit par ses actions , soit par ses pensées. Il veut ignorer, il voudroit pouvoir mettre en oubli les succès de la révolution, ce grand triomphe de la justice et de la raison, cette véritable révolution du peuple, le désespère ; et inconsolable par elle, il se condamne, nous a-t-il dit , à une retraite absolue.

Sans doute, dans un homme de ce caractère , une telle retraite et un tel motif de retraite, doivent paroître de justes sujets de suspicion.

Mais quant au fait du procès, au complot de fédéralisme :

JE DÉCLARE EN MA CONSCIENCE QUE L'ACCUSÉ JULES DUDON N'EST PAS CONVAINCU.

DÉCLARATION

MOTIVÉE D'ANTONELLE,

Sur CHARLES-ALEXIS DESCHARMES , *âgé de dix - neuf ans , convaincu du crime de dilapidation et de faux , condamné à huit ans de fers.*

L'accusé est très-jeune , mais ses premiers pas dans la carrière le signalent à l'œil de l'observateur. Son début sur la scène du monde lui assigne déjà la place et le rôle d'un intrigant.

Le ton même et le genre de sa défense et de ses réponses ; cette immoralité précoce dont on voit bien qu'il supporte gaîment la conviction ; cette pudeur qu'il n'a déjà plus dans le crime , qu'il n'eut jamais peut-être , et qu'heureusement il ne sait pas encore feindre ; son langage , ses regards , tous ses dehors prouvent qu'il est en dedans trempé pour la fraude. Il ne manque plus à ce jeune Sycophante , que de vieillir dans le baladinage et l'intrigue. Si cette détestable perfection ne lui eût pas manqué , inconnu comme il l'est à chacun de nous , il nous eût trompé tous peut-être , et la question intentionnelle eût , cette fois , sauvé le coupable.

L'accusé, qui n'a pu nous déclarer avec certitude quelle femme étoit en effet sa mère; l'accusé qui, en recevant le jour, fut *désavoué* par ceux-là même de qui il le tenoit; cet enfant, en un mot, que son père avoit alors l'exécrable droit de méconnoître, auroit dû puiser, dans sa naissance même, un sentiment particulier d'horreur pour le régime de déraison qui inspiroit et consacroit une telle barbarie, et un motif personnel d'amour pour le retour à l'ordre naturel qui la condamnoit.

Et, cependant, cet enfant de la nature méconnoît les douceurs de la sainte égalité ; il trouve insupportable l'heureuse et desirable médiocrité. Il a dans l'esprit les travers de l'aristocratie ; il a dans l'ame la bassesse et les vices du courtisan ; il a dans le cœur le fol orgueil et la méprisable cupidité.

Je rappelle à cet égard, entre plusieurs autres observations, que, voulant ébranler la conscience des jurés, déjà fixée par des preuves matérielles, non équivoques, et les conduire à l'apitoiement sur son sort ; il nous a dit premièrement ; il nous a dit, du ton de la plainte et avec l'accent de l'humiliation, qu'à l'âge de l'enseignement il n'obtînt pas plus de faveur que le commun des hommes aisés , et qu'on le *relégua dans l'obscurité d'un collége*. . . . N'a-t-on pas vu percer dans ces quatre mots ainsi prononcés , le regret et l'ambition d'une éducation distinguée sous un gouverneur particulier ? . . .

Il nous a dit ensuite , avec une sorte de honte , et comme nous mettant dans la confidence de ses malheurs , qu'au sortir de l'école , *on l'avoit réduit à une pension annuelle de quinze cents livres.*

Voilà , certes , une bien scandaleuse plainte , un bien nouveau sujet de honte , et une étrange manière de s'apprécier entre les autres ! . .

Eh ! quoi , cet enfant , d'abord inutile , bientôt nuisible ; ce jeune impudent , qui , sans avoir rien fait pour la patrie , tiré tout-à-coup des bancs de l'école , échappe à la férule pour recevoir l'épaulette , passe du rudiment des classes au commandement des hommes , et , sur-le-champ , par un très-condamnable abus , devenu , l'on ne sait comment , l'un des aides - de - camp du général Dampierre , touche en outre annuellement une pension alimentaire ou patrimoniale de quinze cent livres ! Ce ridicule fructueux , en présence du jury populaire qui doit prononcer sur son double crime de faux et de dilapidation , n'est pas honteux de ses crimes ; il ne l'est que de sa *misère* et de son *obscurité.* . . . Cela donne la mesure de sa morale , et le secret de son cœur.

En ma conscience , l'accusé est convaincu.

DÉCLARATION

MOTIVÉE D'ANTONNELLE;

Sur l'ex-notaire Charles-Nicolas DUCLOS DUFRESNOI, *condamné à la peine de mort.*

L'on nous avoit annoncé une démonstration mathématique du civisme et de l'innocence de l'accusé , et l'on s'est uniquement occupé de compliquer une question simple , d'obscurcir une vérité claire , de rendre incertaine une décision facile.

L'individu avec lequel le notaire Dufresnoi contractoit ; dont le notaire Dufresnoi achetoit le mobilier , payable , est-il dit , en numéraire ; pour lequel le notaire Dufresnoi faisoit en effet, acheter du numéraire ; au nom duquel le notaire Dufresnoi passoit des soumissions , qu'il acquittoit effectivement en numéraire ; auquel, enfin, avoit appartenu, en sa qualité de prieur titulaire, le prieuré de Baillon, que le notaire venoit d'acheter, très-probablement pour le rendre au prieur à l'échéance de la contre-révolution, dont il l'entretenoit assez tranquillement dans ses lettres, et même avoit le soin délicat de lui marquer le dernier terme à-peu-près à jour fixe... Cet individu, si bien servi par l'acquéreur bénévole du prieuré de Baillon, est et fut un *émigré*, dans le sens horrible et non équivoque, que la scélératesse de ces enfans dénaturés attachoit à ce mot dès l'origine de *l'émigration*.

Ne pouvant le nier formellement, on a voulu se donner le mérite de l'avouer, sans perdre l'avantage de le contester ; et, à cet égard, comme sur-tout ce qui à trait à la moralité révolutionnaire de l'accusé, le talent facile du défenseur lui a fait improviser un discours plein de subtilités ingénieuses, et de distinctions feuillantines, véritable abus de la parole et de l'esprit, au moyen duquel, sans le vouloir assurément, il pourroit obtenir le malheureux honneur d'arracher au supplice la pire espèce des

(43)

conspirateurs, celle qui conspire à l'abri des
formes et des petites aumônes.

L'émigration du ci - devant abbé Narbonne
étoit notoire et constante ; c'est un bien frivole
travail , sans doute , que de chicaner sur le mot ,
quand la chose ne peut être contestée.

Il émigrat comme tant d'autres scélérats , pour
faire à sa patrie , dans toute l'étendue de ses
moyens , une guerre d'appauvrissement et de
famine au - dedans , une guerre de diffamation
atroce au-dehors , et pour armer et soulever
contre nous tous les tyrans de l'Europe.

Cette émigration étoit sans doute un acte exécrable avant , comme après les décrets positifs
qui la frappent. Le cri de la France entière , les
contre-révolutionnaires exceptés , la dénonçoit
avec horreur , et vouoit les émigrés à la détes-
tation universelle , et leurs agens comme leurs
complices de l'intérieur, au glaive des vengeances
nationales. La loi qui frappe ce grand crime n'est
pas universelle et éternelle , seulement dans le
droit , elle l'est encore dans le fait ; elle est de
tous les temps et de tous les pays ; et si , malgré
les continuels efforts des bons citoyens , les
contre-révolutionnaires en ont trop retardé la
déclaration , il seroit affreux que ce retard criminel

et déjà trop funeste en lui-même , pût encore, après la promulgation , tourner au profit des traîtres publics , ou de leurs secrets complices , saisis et convaincus.

Non sans doute , un jury révolutionnaire , dont l'opinion, dans ce procès , doit se composer en partie du systême qu'il adoptera sur le *fait* d'émigration , ne commettra pas le crime de faire si beau jeu aux émigrés et à leurs complices.

Le ci-devant abbé de Narbonne étoit véritablement émigré , et le notaire Dufresnoi le savoit très-bien.

Celui-ci me rappelle très-nettement la classe , autrefois si nombreuse , des plus vils et plus perfides ennemis de l'intérieur , qui , sans effort, sans danger, sans aucun sacrifice , souvent même avec profit , hypocrites amis de ce qu'ils appelloient la paix et l'ordre , détestant avec sincérité le peuple et ses droits , constamment infidèles à la véritable loi qu'ils n'ont jamais voulu reconnoître, nous font en secret une guerre infâmes. Sous les dehors du modérantisme , avec les formes et le langage, et les maximes et les règles de je ne sais quelle justice , dont ils violent sans cesse l'esprit.

Celui-ci a fait plus ; il a osé réclamer en sa faveur l'application forcée d'un décret liberticide de l'assemblée constituante , décret rendu à l'époque où cette assemblée , tombant de décrépitude et de corruption , après avoir tendu la main au tyran parjure et à ses appuis , sembloit marcher avec eux au renversement de la liberté.

J'ai vu le notaire Dufresnoi , souriant aux périls de la liberté , insensible aux besoins extrêmes d'un grand peuple , marchandant criminellement ces besoins-là même , spéculant avec scélératesse sur les plus désastreuses possibilités , faisant de lu contre-révolution une donnée de ses calculs , ne tenant ainsi à une nation régénérée que par les profits même qu'il espéroit tirer de ses malheurs , et par un commerce d'intérêt et de connivence avec ses ennemis ingrats et dénaturés.

EN MA CONSCIENCE L'ACCUSÉ EST CONVAINCU.

DÉCLARATION

MOTIVÉE D'ANTONELLE,

Sur NICOLAS PAQUIN *ci-devant valet de pied d'Elizabeth, sœur du tyran, et tenant à Paris une maison garnie, sous le nom d'hôtel du roi de France.*

Dans la nuit éternellement mémorable du 9 au 10 août; nuit de terreur qui préparoit le jour des triomphes; dernière nuit de la longue patience des patriotes, où le Breton et le Marseillais dans leurs casernes, le Parisien dans les sections et les faux-bourgs, bien convaincus que la France entière attendoit de la cité-commune et lui commandoit l'initiative de la plus nécessaire des insurrections... Dans cette dernière nuit, dis-je, où, d'une part, ces fiers exécuteurs des premières sévérités d'un peuple constâmment trahi, disposoient au-dehors ses moyens de justice, et présentoient l'appareil des vengeances; où, d'autre part, et dans l'intérieur de la caverne royale, une cour scélérate perfectionnoit et complettoit ses moyens de forfaiture et d'assassinat, le peuple et ses ennemis avoient deux camps distincts; nul ne pouvoit s'y méprendre. — Nul citoyen n'avoit dû rester dans les appartemens du château ; il n'étoit plus alors que l'antre des assassins , le lieu - fort de la tyrannie. Le poste du soldat-patriote étoit au milieu des bataillons du peuple.

L'accusé Nicolas Pasquiers s'étoit-il rendu volontairement au château ?... connoissoit-il l'horrible complot , longuement traîné, et sa prochaine explosion ?... Y passa-t-il la nuit entière et toute la matinée?... N'abandonna-t-il ce repaire des ennemis de la liberté qu'au moment de leur chûte et après leur défaite et l'extermination du plus grand nombre ?... N'a-t-il pas fui , seulement pour éviter d'être exterminé lui-même ?... N'a-t-il pas refusé de s'unir au peuple , soit avant, soit après le commencement de l'attaque ?... Quand celui - ci eût triomphé , l'accusé ne s'est-il pas évadé à la faveur d'un déguisement ? Ne s'est-il pas élancé , en fuyard ennemi, d'une fanêtre du château sur un point de la terrasse alors abandonné par les assaillans ?... Cette victoire du peuple ne l'a-t-il pas saisi d'épouvante ; et n'alla-t-il pas ercher son trouble et son caime dans une retraite inconnue , pour se soustraire à de justes poursuites ?

Tous ces faits sont , ou constans au débats , ou évidens de leur nature.

L'accusé est donc coupable ; et son délit est d'un genre qui n'admet ni compensation , ni adoucissement , ni *excuse*.

Certes , si , dans le moment où le torrent populaire , ayant forcé toutes les résistances , pénétrée toutes les issues , l'accusé n'eût pas fui , il auroit été immolé , et justement immolé... Si , au moment où il s'élançoit sur la terrasse , on l'eût saisi ; il auroit été immolé , et justement immolé... Si , dans la fuite , un soldat de la liberté l'eût atteint , ce soldat l'auroit immolé , et justement immolé... Enfin , si le patriotisme , qui le poursuivit et le fit poursuivre pendant quelques jours , eût découvert sa retraite , le glaive de la loi eût fait justice de ce criminel échappé.

Eh bien ! le voilà devant nous aujourd'hui ; le voilà retrouvé et convaincu. Le jury-révolutionnaire voudroit-il donc lui tendre la main ?... Et ce tribunal , spécialement chargé des vengeances du peuple , seroit-il donc transformé par nous en lieu d'azile pour *l'ennemi du peuple* , pour ce valet dévoué de ses assassins ?... Non , sans doute.

EN MA CONSCIENCE L'ACCUSÉ NICOLAS PASQUIERS EST CONVAINCU.

DÉCLARATION.

DÉCLARATION

MOTIVÉE D'ANTONNELLE,

Sur Louis QUÉLIN, *ci-devant prêtre constitution-nel, desservant à l'hôpital général de la Sal-pêtrière, déclaré suspect par jugement du ...*

Il faut prendre un parti, et se montrer conséquent à soi-même ... Voulons-nous décidément l'entière révolution ? ... Voyons-nous bien nettement qu'une demie-révolution n'est qu'une composition d'esclave, et un rêve d'enfant ou de sybarite ?... Est-ce bien sincèrement, enfin, que nous travaillons à consommer l'œuvre de la révolution ?... Oui, sans aucun doute ...

Le peuple, le bon peuple, vouloit-il sur-tout bien résolument la révolution, à l'époque trop peu remarquée des premiers éclats du complot obscur et vaste de la Vendée, et encore à l'époque éternellement remarquable du 31 mai ?... Oui, sans doute, il la vouloit ; puisque ces premiers éclats excitèrent une héroïque indignation, et mirent à l'instant sous les armes une jeunesse impétueuse qui partit pour les réprimer. Oui, sans doute, il la vouloit; puisque, au 31 mai, la faction scélérate et puissante qui déchiroit *conventionellement* la république, pâlit et recula devant la plus majestueuse des insurrections.

Oui, sans doute, il l'a voulue et il la veut; puisque ses efforts, en ce sens, sont devenus son habitude; puisque sa sérénité, sa joie franche, son énergie, vivent de sacrifices, et croissent par les dangers.

Il tend sans cesse vers ce but; il est réellement, naturellement et toujours dans cette direction, même lorsqu'on réussit, ou qu'on croit réussir à l'égarer un moment.

C'est pour cela, qu'il a sagement conclu, que, provisoirement, son gouvernement, son administration, sa police de surveillance et de justice, tous ses moyens de puissance, d'ordre et de sûreté, prissent un caractère et des formes révolutionnaires; car, tout cela n'existant que pour lui, doit nécessairement être adapté à l'ensemble de sa situation actuelle; et il n'est, heureusement, ni assez érudit, ni assez subtil, pour imaginer, qu'une liberté publique, méconnue et attaquée au-dehors, insultée et trahie au-dedans, soit véritablement la liberté publique telle qu'il la demande, et telle qu'il veut l'établir par la conversion, ou l'extermination, ou l'impuissance de tous ses ennemis.

Il est donc vrai que le peuple commande à tous ceux qui le servent, l'entier et prompt accomplissement de la révolution.

Le succès en ce genre, tient beaucoup à la connoissance particulière de ceux qui, de manière ou d'autre, jouent un rôle et exercent quelque influence.

Je crois donc qu'il est des cas, où les jurés constitués en quelque sorte premiers témoins au tribunal de l'opinion publique, doivent énoncer la vérité toute entière sur l'accusé traduit au tribunal-révolutionnaire, lors même, ou, plutôt, lors, sur-tout, qu'ils croient devoir l'absoudre.

D'après cette opinion, voici fidèlement quelle est ma pensée, sur l'homme et sur les choses, dans l'affaire qui nous occupe.

J'observe, préliminairement, que le grand péril de la république, étoit à la Vendée ; et aussi, que la crise révolutionnaire du 31 mai et jours suivans, qui sera, peut-être, jugée pure, républicaine, et grande au-dessus de toutes

les autres, fut, en outre, la plus décisive,
comme elle étoit la plus indispensable.

En conséquence de cette double observation,
et consultant bien l'impression qu'a produite
dans mon esprit l'examen attentif des débats,
je déclare, qu'un homme, convaincu par des
dépositions unanimes et non récusables, de
s'être montré, précisément aux deux époques
ci-dessus indiquées, si-non le coopérateur et
l'affidé, tout au moins l'apologiste et le com-
pagnon des intrigans qui travailloient à contre-
révolutionner la section dont il est membre,
à endormir le peuple sur les dangers de la
révolte vendéenne, à faire avorter les mesures
de vigueur, à refroidir le dévouement civique,
à rendre difficile le recrutement ordonné;...
que l'homme, convaincu d'avoir contrarié, peu
estimé, laissé diffamer et vexer les révolutionnaires de cette même section, et d'y avoir pro-
féré des paroles de blâme et de mépris contre
ces intrépides magistrats du peuple, sans lesquels
l'étonnante et nécessaire révolution du 31 mai
et jours suivans, n'auroit pas eu lieu ... Je
déclare, qu'un tel homme, dont on vantera
tant qu'on voudra la bienfaisance et les vertus
morales, n'est certainement pas un patriote

révolutionnaire ; et c'est - là, sans doute, un défaut notable dans l'homme public, et même dans tout citoyen, tant que la révolution dure.

Le résultat incontestable des dépositions à charge et à décharge, c'est que l'accusé Quélin, est, involontairement peut-être, et sans s'en douter, un *dérévolutionnaire*.

Sa manière de sentir la révolution, en elle-même et dans ses meilleures crises, décèle en lui la fibre feuillantine ... Mais, je pense décidément, qu'il n'a pas la perversité du feuillant ni sa perfidie.

En ma concience, l'accusé Quélin n'est pas convaincu.

DÉCLARATION

MOTIVÉE D'ANTONNELLE,

Sur Louis-Jean JOSSET S.-LAURENT, *ex - commissaire des guerres, agent et complice de Condé, dont il receloit chez lui l'intendant sous un faux nom. — Condamné à la peine de mort.*

Les probabilités qui sortent des pièces et des débats et s'accumulent contre l'accusé, sont si nombreuses , si variées , si fortes ; leur ensemble est si complet , et d'une espèce si grave , que , dans le cas où l'accusé n'eût pas été complice , il eût fallu déplorer la triste condition de celui-là même , dont le sort dépend de la déclaration du jury le plus juste , et la condition , plus triste encore , de ceux dont le devoir est de prononcer ces déclarations... car , alors , toutes *les* preuves analogiques seroient en défaut , et la certitude morale n'existeroit plus. ;

EN MA CONSCIENCE L'ACCUSÉ EST CONVAINCU.

Jean-Antoine CHEVALIER , *ci-devant curé constitutionnel de la paroisse Saint-Germain , absous.*

J'ai vu , dans cet accusé , un prêtre , qui , trop long-temps habitué à dominer par des momeries et de petites impostures , n'aime pas peut-être aussi sincèrement que nous le règne nouveau des lumières et de l'égalité.

J'y ai vu un vieillard , d'un caractère doux , accoutumé à la sécurité d'une vie uniforme et paisible. Les orages inséparables d'une grande révolution , le fatiguent et l'allarment. Voilà sa faute et son malheur ; c'est aussi toute la cause. Les pièces et les débats n'ont rien fourni au-delà.

Le tribunal déclara qu'il n'y avoit pas même matière à poser des questions. Il acquitta le prévenu, et, néanmoins, arrêta qu'il étoit expressément recommandé à la surveillance du comité révolutionnaire de sa section , devant lequel il seroit tenu de se présenter une fois chaque décade.

***

Pierre RAY , *ci-devant curé constitionnel de la commune de Lusillat , qui rétracta son serment dans un moment de désespoir et d'épouvante , et le même jour demanda à le prêter de nouveau , etc.*

La démarche répréhensible de Pierre Ray n'offre rien de prémédité ni de suivi... Il n'y a rien , ni avant, ni après , qui paroisse y tenir, et porter le même caractère... C'est un fait isolé dans la vie de ce prêtre... Nul desir actuel, nul projet ultérieur, de nuire à la chose publique... C'est une folie instantanée, simple et malheureux effet de l'abbattement et du trouble , qu'il s'est efforcé presque soudainement, de réparer, d'annuller même, autant qu'il étoit en sa puissance de le faire... Il est impossible d'associer à ce trait de lâcheté, à ce moment de foiblesse, une intention contre-révolutionnaire, ni aucun dessein pervers. — Le tribunal renvoya l'accusé pardevant l'administration de son département, pour l'application de la peine d'après la loi.

DÉCLARATION
MOTIVÉE D'ANTONELLE,

Sur Sébastien **MONDO**, *ci-devant curé Vendéen à Cunault, condamné à la peine de mort.*

Je suis, en partie, de l'avis du défenseur officieux. Je pense, comme lui, qu'en effet l'accusé n'a pas la tête bien saine. Mais cela vient de ce que l'extrême scélératesse, est toujours mêlée de folie. De toutes les frénésies criminelles, la plus constamment extravagante, est celle dont le fanatisme inspire les accès et fournit le levain. Mais cela ne peut excuser les délits réfléchis et monstrueux, dont la preuve est acquise. EN MA CONSCIENCE L'ACCUSÉ EST CONVAINCU.

Quelques débats, dans le nombre de ceux que j'ai suivis au simple titre de spectateur, ont un moment ramené ma réflexion, sur deux grands fléaux des sociétés humaines.

De ces deux fléaux, qui, comme tant d'autres, misérables fruits de la foiblesse et de l'orgeuil, se composent de leurs doubles chimères, l'un n'est déjà plus, l'autre va cesser d'être.

C'est la prêtrise, et la ci-devant noblesse.

L'un des résultats de mon examen, a été de me convaincre, que les prêtres, comparés aux ci-devant nobles, doivent être déclarés. 1°. Plus dangereux, vu ce qui leur reste encore de puissance.

2°. Plus nuisibles et plus coupables, en masse.

3°. Plus repréhensibles et plus suspects, individuellement.

1°. Plus dangereux vu ce qui leur reste encore de puissance.

En effet, leur influence est encore très-sensible ; elle l'est de trois manières. On l'apperçoit nettement dans ce qu'ils font encore eux-mêmes, dans ce qu'ils engagent ou contraignent à faire, dans ce qu'on n'ose pas encore faire. — Tout cela est connu, et tout cela reste vrai, en les considérant comme prêtres.

Le ci-devant noble, au contraire, en sa qualité de ci-devant noble, n'a, ni moyens particuliers, ni influence propre . . . . Je ne dis point assez : il n'a que de la défaveur et de l'impuissance ; car, tout est contre lui : les institutions, les autorités, le sentiment naturel, l'opinion de tous ; ce prétendu caractère, qui n'en fut jamais véritablement un, que, d'ailleurs, il n'a plus, loin de le favoriser, le dessert ; loin de pouvoir en aucun sens le relever ou l'aider, le fait descendre et le repousse, par le souvenir qui en reste, par les préventions qui s'attachent, à ce souvenir.

La prêtrise se maintient, avec art, à défaut de l'insolence qui ne lui réussiroit plus. Elle est encore un métier, elle a son salaire et même ses fonctions ; elle est aux yeux de plusieurs, une institution nécessaire et sacrée. L'habitude et la crédulité la soutiennent. Ses moyens de nuire, dont elle n'a garde de ne pas user, ne sont point encore totalement détruits. De petits maux nous en avertissent sans cesse ; de grands malheurs récens, nous l'ont trop prouvé.

La ci-devant noblesse, au contraire, qui ne pût jamais être une profession, qui ne pût

jamais avoir des fonctions inhérentes à sa nature,
et faisant partie d'elle - même, qui fut, tout
simplement, quelque chose d'indéfinissable ;
la ci-devant noblesse, n'est plus qu'un mot,
qui nous reste, d'une chimère, dont on est
désabusé.

2°. Plus nuisible et plus coupables, en masse.

Et cela, sous tous les rapports.

Sous le rapport de l'égalité. — Les prêtres
formaient le premier ordre ; les ci-devant nobles,
le second.

Sous le rapport de la liberté. — Les prêtres
l'anéantissaient, veulent encore l'anéantir, dans
le fonds même des cœurs et des pensées. Ils ont
consacré le despotisme et le mensonge. On leur
doit le sacre des rois, et l'apothéose de la sotise.

Sous le rapport de la vérité. — Les prêtres la
rejettaient au nom du ciel. Ils la dévouaient,
tout ensemble, à la haine persécutrice des hommes, à l'éternel courroux de leur dieu, dont
ils firent le nôtre.

Sous le rapport de la saine raison. — Les
prêtres l'étouffaient, ou la gangrenaient dans
son germe, l'abreuvaient et l'alimentaient de
poisons, dans tous ses développemens.

Sous le rapport des moyens d'existence et de fortune. — En effet, il n'y avoit là, propriété légitime et réelle, ni du corps ni de ses membres. Le corps entier ravagea mille fois les fortunes publiques et privées. Ils recueillirent insatiablement par l'usurpation, la fraude, l'imposture ; et sur les innombrables lots de cette immense rapine, ils vivaient tous de butin et de mensonges.

Sous le rapport des liens sociaux. — L'organisation de ce corps monstrueux, ses usages, ses privilèges, ses immunités, sa doctrine particulière, les brisaient tous. Exempte d'impôts, de corvées, de tout travail utile, de fatigues et de dangers, vivant dans la quiétude et l'abondance, cette race pieusement inféconde, fainéante par privilège et célibataire par principe, s'enrichissait et se perpétuait aux dépens de toutes les familles et de tous les patrimoines. Elle formait une caste véritablement isolée, qui ne tenait à la nation que par les largesses qu'on lui avoit prodiguées, les mensonges qu'elle rendait au peuple en échange, et l'appui qu'elle prêtait à tous ses oppresseurs, et les saintes divisions qu'elle entretenoit, à son profit, dans nos trop faciles ménages,

3°. Enfin , plus répréhensibles et plus suspects individuellement.

Cela ne peut être contesté , puisqu'ils n'étoient pas prêtres, par accident , ni en dépit d'eux-mêmes , mais par leur propre fait , de très-bon gré et pour leur profit.

Dans nos sages institutions, j'ai oui-dire quon naissoit noble tout fait , mais qu'il fallait se faire prêtre ; cela ne venoit pas de soi-même. L'un étoit un coup de dez ; l'autre étoit un calcul et un choix. Bayard fut ce qu'on appeloit noble, comme Dunois fut ce qu'on appeloit bâtard ; ainsi le vouloient nos pères : ainsi le décida le hazard de leur naissance. Mais Alexandre VI fut prêtre ; précisément comme il fut incestueux , tyran, assassin , empoisonneur , parce qu'il voulût l'être.

Cette chimère qu'on appella noblesse , fut un caractère purement accessoire et tout-à-fait idéal , dont l'homme raisonnable et juste pouvoit se trouver investi , sans en être atteint , par l'erreur commune qu'il ne partageoit pas. Tant qu'a duré ectte folie, le malheureux ainsi saisi, ou plutôt enveloppé , fut noble forcément , et peut-être à son insu. Si-tôt qu'elle cesse , il ne l'est plus. Cela le met à l'aise, et le voilà soulagé.

. Cette fiction bizarre n'avoit pu recevoir, dans

quelques imaginations , un dehors de consis-
tance et quelque apparence de réalité , que par
l'institution et l'opinion. Ainsi, du moment où
l'institution est effacée et l'opinion guérie, il
ne reste rien. C'est le souvenir confus d'un
songe ; et tel ci - devant pourroit sincérement
attester que celui-là n'entra jamais pour rien
dans ses rêves de félicité publique et de bon-
heur personnel ; qu'il n'a jamais su ni cherché
à savoir s'il étoit en effet ce qu'on nommoit un
noble ; qu'il n'a jamais conçu et qu'il n'est pas
en lui de pouvoir jamais entendre ce que si-
gnifioit ce mot ; que le sentiment d'égalité fut
et sera toujours dans son cœur ; qu'il n'a jamais rien pensé, dit ou senti , qui ne fut en
accord avec ce sentiment , et en opposition
directe avec l'orgueilleuse déraison du blâson ,
des parchemins , des crénaux et des priviléges.

La prêtrise , au contraire, étoit une profession et un métier qu'on pouvoit librement embrasser ou n'embrasser pas , faire ou ne pas
faire. Ceux qui l'ont exercée, se sont liés à
cette détestable charlatanerie de leur propre
mouvement et le voulant bien. La présomption
naturelle , en pareil cas, c'est qu'ils l'eussent
toujours voulu , si le métier fut toujours de-
meuré bon.

La noblesse héréditaire fut sans doute une institution désastreuse et une idée ridicule, même sous le détestable régime de l'inégalité. Mais enfin, elle ne fut pas de tout point, ainsi que l'étoit la prêtrise, l'œuvre de l'imposture et de l'insolent orgueil. On ne la fit pas descendre du ciel, on ne lui attribua pas l'empire des consciences et la dispensation de nos destinées éternelles. On la donna pour ce qu'elle étoit; chacun dut y voir, et chacun y vit seulement en effet l'œuvre périssable de la fantaisie humaine. Il ne put rester problématique pour personne qu'elle s'évanouiroit le jour où l'on refuseroit de la reconnoître, puisque sa seule existence étoit toute entière dans l'assentiment formel ou présumé du peuple : et en effet, cette frivole création de nos vanités, que la raison ne pouvoit saisir, que l'égalité ne pouvoit admettre, a disparu sans retour au premier réveil de l'une, au commencement du règne de l'autre; et, à cet égard, il n'est pas à craindre qu'il y ait jamais ni tentative ni réclamation. L'inutilité, comme la folie, en seroient trop sensibles. Le sot orgueil lui-même a sa mesure et ses bornes; il s'arrête au terme de l'évidente impossibilité.

Il n'en est pas ainsi du sacerdoce, qui, soit dans les enseignemens et les définitions de ceux qui l'ont exercé, soit dans la croyance prescrite aux fidèles, sous peine de damnation, fut toujours présentée comme un caractère indélibile et sacré, dont celui-là même qui l'a reçu ne peut plus se dépouiller.

D'après ces considérations, et me supposant ici membre d'un jury-révolutionnaire, appelé pour prononcer révolutionnairement entre les prêtres et les ci-devant nobles restés en France, je sens que, dans ma conviction, je déclarerois, quant au passé, les prêtres plus coupables; quant au présent, les prêtres, encore plus dangéreux et plus suspects.

Qu'on me permette, en finissant, de laisser aller encore une seule pensée trop difficile à retenir, d'exprimer une douleur qu'il m'est trop pénible de cacher; la discussion où je me suis engagé, fait sortir ce sentiment d'un cœur qui l'avoit contenu sans pouvoir l'étouffer. Ceux pour qui et par qui j'éprouve le besoin de cet épanchement, sentiront bien, sans que je les nomme, que c'est à eux que je parle.

Eh !

Eh ! quoi, lorsque vous perdez votre temps et vos paroles à nous entretenir de tout ce qu'il peut se trouver encore de *ci-devant* dans l'étendue de la République, vous avouez, et certes, cela est incontestable, qu'ils ne sont point du tout à craindre. . . . à plus forte raison, devez-vous, dans toutes les hypothèses, ne pas craindre l'infiniment petit nombre de ceux, d'ailleurs très-éprouvés et très-purs, qui étoient membres de la société des Jacobins de Paris. . . . Où donc est, je ne dis pas le motif, mais le prétexte soutenable de la proscription qui les afflige ?.... Vous êtes réduits à dire que, dans tout systême révolutionnaire, et jusqu'au dernier terme de sa dernière période, l'exception quelconque, par laquelle on essaieroit de restreindre l'application d'un de ses principes, altéreroit infailliblement le principe même, et finiroit par le détruire. Je pourrois objecter que ce qu'on décore ici du nom de principe, n'est peut-être qu'une ombrageuse pusillanimité ; mais je fais une réponse plus tranchante et plus simple ; c'est que l'exception dont vous parlez, existe par le fait, et que votre arrêté la méconnoît et la viole.

Oui, le mot est lâché. Je ne prétends pas

vous offenser, mais j'y persiste, parce que telle est ma conviction, et que je vous crois très-dignes de recevoir la vérité, même lorsqu'elle a la physionomie ou le ton du reproche.

Les Jacobins qui n'ont jamais varié, qui sont demeurés constamment purs et prononcés dans la révolution, ne peuvent, sous aucun prétexte, être compris dans la ci-devant caste justement réprouvée. Ils sont essentiellement de la bonne et commune famille ; ils en ont conservé tous les traits ; ils n'ont rien de la race infidelle ; nul n'a le droit de les désarmer, de les rejeter, de les exclure. Ce serait une véritable injustice, puisque ce seroit une gratuite dureté. . . . Ce seroit leur dire : — Sous le honteux régime de l'inégalité, vous ne voulûtes pas affecter les hauteurs, vous n'eûtes aucun des méprisables sentimens de la caste insolente et préférée. Eh bien, sous le régime heureux de l'égalité, nous créérons pour vous une caste humiliée et proscrite ; vos noms, si peu nombreux, y seront solemnellement inscrits ; nous vous séparerons de ce que vous aimez le plus ; vous n'avez pas voulu d'un privilége d'orgueil et de prééminence, nous vous doterons d'un privilége de réprobation..... Ainsi, malgré vous, vous serez distingués. Nous l'avons ainsi résolu pour le perfectionnement de l'égalité. . . . . Vous avez, selon vos moyens, travaillé pour elle ; nul ne le conteste. Vous aimâtes sincèrement la révolution ; vous l'aimez et l'aimerez toujours, on le sait. Elle n'a pas un principe qui ne tienne étroitement à tout ce qu'il vous est doux et naturel de penser, de vouloir, d'approuver et de chérir. Il est moralement impossible que vous cessiez jamais de la servir, au moins de tous vos vœux. A cet égard, il né s'élève parmi nous aucun doute. — Mais, à cette idée que l'on s'est formée de vous, et que l'on eût voulu ne jamais troubler par le rapprochement d'aucune autre, vient s'unir, comme involontairement, l'importun souvenir de tout ce qu'ont fait de vil ou d'affreux tant de misérables, avec lesquels vous n'avez cependant aucun rapport réel, et cette naturelle inquiétude, même envers ceux qui ne tenoient à leur caste, que par une insignifiante dénomination.

Nous pourrions répliquer et dire ; — Rien n'étoit mieux fondé, sans doute, ni plus louable, que cette civique inquiétude. Elle motivoit une grande méfiance, elle autorisoit une longue incertitude, une lente détermination. Vous avez dû nous *observer* plus soigneusement. Tous ces devoirs vous les avez remplis. Nous voilà bien connus. L'on nous a vus Jacobins au fond de l'ame, irréprochables dans le for intime. Ne pourroit-on pas aujourd'hui s'abandonner avec confiance à la double présomption qui résulte de cette sollicitude même à nous mieux *observer*, et de l'épreuve où nous avoient mis ces folles distinctions d'autres fois qui n'avoient pu nous corrompre ?.... N'est-il pas devenu juste enfin de nous réputer sincères et invariables?.... N'es-ce pas sur-tout aux Jacobins qu'il appartient de croire aux bonnes natures, aux cœurs inaltérablement amis de l'égalité ? . . . .

Ils y croient aussi, nous vous le répétons. Mais, ne voyez-vous pas que si les Jacobins cessoient de se montrer inflexibles sur la rigoureuse application du principe, les exceptions justes qu'ils prononceroient, feroient autorité par-tout pour mille exceptions abusives ?... Ne voyez-vous pas que l'intrigue, astucieuse, active, habile à profiter de tout; l'intrigue qui, lorsqu'elle ne peut vivre de nos erreurs, travaille et vit sur nos vertus, parleroit aussi de justice et de sensibilité, en parleroit plus haut que nous ; et, armée de ces belles paroles, si souvent trompeuses, mais toujours puissantes, auroit un moyen de plus d'introduire dans les sociétés populaires ses plus habiles agens qui , dans leur sein et par elles-mêmes , ne tarderoient pas à faire de très-grands maux ? .... — Nous devons un grand exemple à toutes , et nous le donnons. .... Un d'entre nous (1) l'a formellement énoncé dans la tribune républicaine et fraternelle ; — *Les Jacobins sacrifient tout à la chose publique ; et , quand son salut l'exige , ils se séparent de leurs meilleurs et plus constans amis....*

Ah ! passe pour cela. ... S'il en est ainsi , nous n'avons plus le droit de nous plaindre , et nous ne nous plaindrons plus. Car , nous aussi , nous voulons vivre et mourir en Jacobins.., . c'est-à-dire , sacrifier à la chose publique nos affections les plus chères.

Article omis qui commençoit l'avertissement.

La *conviction* d'un juré de jugement se compose, en grande partie, de sensations et de perceptions qui ne peuvent être retracées ou transmises, ni pendant ni après le cours des débats. Ce sont, si cela peut se dire, des traits de lu-

---

(1) Dufourni.

mière et des coups de temps , dont on ne peut ni retrouver ni peindre l'effet et la direction.

Ces élémens de la *conviction*, sont, dans chaque , individu le secret incommunicable de sa manière propre de sentir et d'appercevoir. Une *conviction*, commune à tout le jury, se compose d'élémens divers pour tel ou tel juré ; elle est un des mystères de l'organisation particulière de chacun d'entr'eux.

Ainsi donc, le juré qui se détermine à faire précéder sa déclaration par quelques observations ou motifs , n'a certainement pas la pensée de motiver sa *conviction ;* cela seroit absurde , et pourroit aussi être taxé de suffisance.

Quel est donc son objet?.... Il n'est pas difficile de le reconnoître , et je doute qu'on ait pu s'y méprendre.

Son objet doit être , de faire sortir , soit de l'affaire en elle - même , soit de l'ensemble où des circonstances du débat , des réflexions qu'il juge utile de répandre , et de rendre familières au plus grand nombre.

Ces réflexions peuvent lui paroître de quelque utilité , et bonnes , comme justes en soi ; bonnes encore , comme propres à raffermir , sur certains points , l'opinion commune que d'autres veulent ébranler, et rendre incertaine ; bonnes enfin, nécessaires même, comme propres à effacer, quand il y a lieu, l'impression qu'a produite dans les esprits, le défenseur officieux de l'accusé.

Des jurés du tribunal-révolutionnaire, ont donc pu croire, que c'étoit quelque fois un devoir pour eux, de *motiver* en *déclarant* ; c'est à dire, d'émettre leur opinion, avant de prononcer la *conviction*, ou la *non-conviction*.

QUELQUES MOTS ENCORE
SUR L'ETRANGE DEBUT
D'UN NOUVEL ACTEUR (1)
AU THÉATRE DE LA RÉPUBLIQUE.

Sextidi , six ventose , à 9 heures du
soir , en sortant de ce spectacle.

Au milieu de tant de résistances , et à travers
mille courans opposés , la véritable opinion publique est plus que jamais la puissance directrice
et le grand moyen de force.

Ce que je dis là devient plus sensible et plus
incontestable de jour en jour , dans la marche
entraînante d'une révolution dont chaque *progrès*
est évidemment l'œuvre de l'opinion générale qui
s'enhardit, se fortifie et s'améliore par ces *progres*
mêmes.

Il importe beaucoup , et il est à-peu-près in-
faillible , jusqu'au parfait achèvement de lá révolution , que l'opinion publique qui la développe
et la dirige, s'exerce souverainement sur tout.

Mais à cause de cela même , il faut que tout
bon citoyen soigne de son mieux cette opinion ,
la nourrisse et la soutienne de tout ce qu'il peut
avoir de moyens et d'énergie ; il est indispensable
qu'on la maintienne vigoureuse et saine.... ; et
dans cette étrange et longue lutte de l'esprit de
raison , de liberté , d'égalité contre l'esprit

---

(1) Le citoyen Larochelle, l'un des comédiens du
ci-devant théâtre français.

d'erreur, de corruption, de servitude et de fol-
lie, il faut, par-dessus tout, éviter que ce grand
ressort perde rien de la force et de la pureté
de sa trempe.

Nul doute que les pièces de théâtre ne pussent
devenir un des moyens de la conserver, en la
renouvellant sans cesse, et, à cet égard, notre
théâtre est à refaire.

Jusques-là, ne pourroit-on pas exiger du moins,
que l'on ne représentât jamais aucune de ces
pièces, tellement en désaccord avec nos sentimens
nos principes et tous les besoins de nos circonstances,
qu'en les offrant à la curiosité trompée, on semble
avoir pour but d'égarer, de dépraver même l'esprit national, comme si l'on appréhendoit qu'il n'eût
trop tôt acquis de la dignité, de l'ensemble et de
la force ?

Comment, par exemple, celui de tous les théâtres
peut-être qui, sous ce rapport, avoit le mieux mérité
la reconnaissance des bons citoyens, vient-il de
commettre en ce genre une faute grave qui les afflige et les indigne ? . . . Comment, pour rendre
plus piquante la réapparition d'un acteur trans-
planté, s'est-on déterminé à renouveller de Té-
rence et de Baron une pièce tout-à-fait indigne de
trouver place sur un *répertoir* républicain ?

Comment, sur-tout, ce même acteur qui doit compte
à la république du talent dont il a fait preuve, n'a-t-il
pas senti qu'il la servoit bien mal, en ajettant au
milieu de nous, entouré de toute la faveur qui
tient à la situation particulière de l'acteur même,
ce rôle honteux et dégoutant du valet DAVE, qui

d'un bout à l'autre, n'offre, au fonds et dans la forme, qu'un fourbe impudent, un bas coquin?

Conçoit-on qu'à côté même, et comme en regard du décret qui déclare et proclame la liberté des nègres, on présente aux applaudissemens d'un public confiant et trop facile, et comme personnage dominant dans une comédie dont il conduit toute l'intrigue, un *valet esclave*, vingt fois menacé du bâton qu'on lève sur lui, et devant lequel il se prosterne, finissant par recevoir, à-peu-près sur la scène, par l'ordre de son *maître*, et de la main d'un autre valet exécuteur, la correction des esclaves, se débattant et gigottant avec toutes les simagrées de la plus lâche bouffonnerie sur les épaules de son correcteur qui l'a saisi et le transporte à califourchon vers les coulisses pour le sangler avec un peu moins d'indécence, reparoissant aussi-tôt sur la scène, pour y exprimer bassement ses douleurs, tâtant et marquant en quelque sorte de la main toutes les parties de son corps que la courroie vient de meurtrir

Je demande si ce révoltant contraste avec nos moeurs régénérées, si cette éclatante insulte à l'esprit national peuvent être soufferts, s'il est convenable que le parterre les ait tolérés ?

Il a peut-être appréhendé de mortifier trop sensiblement par ses murmures des comédiens dignes de sa protection et de son estime ; mais cette petite crainte est un reste de nos vieilles moeurs, et de tels ménagemens ne sont pas du tout républicains. Il auroit dû sentir que, pour épargner à quelques individus un moment d'humiliation mérifée, il se couvroit lui-même d'une véritable honte, et pouvoit aussi faire prendre le change aux malveillans, et même aux bonnes gens, sur la mesure de l'esprit public actuel, ce qui a deux inconvéniens, de décourager ceux-ci, et d'enhardir les autres.

Aussi les plus honteux applaudissemens ont-ils été prodigués par un assez grand nombre de spectateurs, à cette prostitution du talent, à cet avilissement de l'homme. Les partisans de l'acteur n'ont eu garde de laisser échapper cette occasion de lui décerner une espèce de triomphe. Ils ont même demandé à grands cris, après la pièce, que Larochelle parût. Il a été présenté, et de nouveau applaudi.

Je sens bien qu'on avoit moins en vue d'approuver *Larochelle-Dave*, que de consoler et de féliciter *Larochelle* mis en liberté... Mais s'il se proposoit d'en faire un pareil usage, il a bien peu mérité qu'elle lui fût rendue. Heureusement les acteurs du théâtre de la république sont très-capables de sentir que, sous le rapport des principes et de l'esprit public, leur spectacle doit aujourd'hui avoir un seul ton et une couleur dominante.

Ils ne souffriront pas, que le mélange trop sensible d'un autre *faire* et d'un autre coloris, y tourmente l'esprit et l'œil par des détonations et des disparates. Ils se diront, sans doute, qu'eux aussi, sur la scène, combattent pour la grande cause de la liberté, et qu'il leur appartient de mettre au pas ces soldats douteux, nouvellement convertis, que l'on introduit dans leurs rangs, avec des acclamations et au sein d'une affluence également *suspecte*.